Combat pour la grandeur du Congo

Jean Bebela

Joseph Kabila

Combat pour la grandeur du Congo

EdkBOOKS

© EdkBOOKS – Juillet 2018
ISBN : 978-1723165740

« Il n'est plus question de voir chaque mois la sortie d'une nouvelle compilation de chants à la gloire du président ou de son régime réalisée par des stars de la musique kinoise. Je pense que le peuple congolais lui reconnaîtra au moins ça ».
habarirdc.net

Avant-propos

Si déjà diriger l'Etat d'un tout petit pays d'un seul million d'habitants situé sur un tout petit territoire à la superficie inférieure à celle d'une seule des provinces de la RDC n'est pas chose aisée, que peut-il en être alors de diriger un pays continent de 2.345.410 km² tel que l'est la République Démocratique du Congo, où la population s'élève à près de 90 millions d'âmes en 2018 ?

Depuis le 16 janvier 2001, Joseph Kabila a

porté sur ses frêles épaules le destin de ce pays. Il l'a maintenu uni, et y a lancé les bases de son inéluctable prospérité, au regard des formidables potentialités qui sont les siennes.

Les défis ont été très nombreux. Il les a par bonheur courageusement relevés. Figure en première position parmi ceux-ci, le rétablissement de la souveraineté sur l'ensemble du territoire, point de départ de tout. Dans le même temps il a poursuivi la rupture opérée par son père avec le régime précédent. Il a accentué l'option nationaliste initiée par celui-ci en 1997, démontrant ainsi qu'au fond de lui-même, il nourrit une réelle ambition pour son pays.

Chapitre I :

Le maintien de la rupture avec le régime précédent.

Laurent-Désiré Kabila, en accédant à la Présidence de la République, a entrepris, en sa qualité de lumumbiste, d'opérer une rupture radicale avec le régime précédent.

A – L'abolition du mobutisme.

De sa prise de pouvoir en 1965, à son renversement en 1997, Joseph-Désiré Mobutu, d'abord, puis Mobutu Sese Seko Kuku Ngbendu wa Za Banga, par la suite, a profondément marqué la République Démocratique du Congo par le recours à des symboles, des pratiques, une manière particulière de faire de la politique qui se sont résumés sous l'appellation globale de « *Mobutisme* ».

En fait, c'était la doctrine officielle de l'Etat et du parti. Elle consistait à glorifier le « *Père de la Nation, Mobutu* ». Celle-ci incluait la politique de la « *Zaïrisation* », à savoir, un retour aux sources

africaines, une Négritude
à la Zaïroise.

Le « *Mobutisme* » im-
pliquait le parti unique,
au nom de la tradition
africaine qui, selon ses
théoriciens, veut qu'il ne
peut exister deux chefs
dans une même commu-
nauté humaine.

En conformité avec cet-
te sorte de révolution cul-
turelle, le nom du pays a
été changé en Zaïre. Le
drapeau national a été
remplacé par un nouveau.
Des villes ont été débap-
tisées, à commencer par
Léopoldville, la capitale,
qui est devenue Kinsha-
sa. Les prénoms chrétiens
ont été abandonnés, au

profit de noms africains.
Même le costume occiden-
tal a été délaissé au profit
de « *l'Abakos* ». On parlait
alors de la politique de
l'authenticité. Le couvre-
chef était ainsi constitué
d'une peau de léopard.

Enfin, le « *Mobutisme* »
était accompagné d'un culte sans précédent de la
personnalité.

Laurent-Désiré Kabila,
aussitôt au pouvoir, a
aboli tout cela. Joseph
Kabila, il faut l'en féliciter, a poursuivi dans cette
voie.

B – Le retour au « Lumumbisme ».

Une volonté d'indépendance totale du Congo : telle se résume le « Lumumbisme ».

Le désir de libération du Congo des forces d'occupation étrangères qui se sont mises à imposer leur loi dans le pays, a été une bataille qu'a courageusement entamée Laurent-Désiré Kabila. Celle-ci, de toute évidence, a été à l'origine de son assassinat au bout de sa quatrième année au pouvoir.

Mais, cela n'a été d'aucune utilité, à vraie dire, Joseph Kabila lui succédant, à son tour a maintenu ce cap. C'est bien connu, un meurtre n'est pas suffisant pour tuer une idéologie, une idée enracinée dans la population.

Pour tout dire, il a continué sans hésitation aucune dans le Lumumbisme. Il fallait impérativement libérer le Congo des forces étrangères afin d'envisager de manière sereine la poursuite du développement du pays. Le Congo dominé, partagé par ses voisins, ne pouvait plus du tout progresser, car il était retombé quasiment dans la même exploitation qui avait prévalu pendant la longue et terrible nuit coloniale.

Neuf pays étaient attirés par les richesses minières du Congo et, pour certains, les exploitaient allègrement.

Enfin, il a rompu avec son père dans le discours. Alors que ce dernier était très populiste dans ses prises de paroles et en même temps très « *révolutionnaire* », Joseph Kabila, pour sa part, développe un discours plus centriste, plus consensuel. De même, il ne revêt plus les costumes Mao de ce dernier.

Chapitre II :

La fin de l'occupation étrangère : la grande œuvre de Joseph Kabila.

S'il fallait résumer en quelques mots le règne de Joseph Kabila dans l'histoire de la RDC, on dirait sans hésitation : « *il a libéré le pays de l'occupation étrangère en continuité avec l'œuvre de son père* ». Elle ne retient toujours que l'essentiel, et ceci constituera, au-delà de toutes les polémiques en cours, son indélébile legs à la République Démocratique du Congo. C'est la raison pour laquelle, à propos de la guerre qui s'est déroulée dans le pays de 1998 à 2003, on parle de « *deuxième guerre de libération nationale* ».

A – Grandeur et richesses minières de la RDC : son malheur.

La grandeur territoriale de la RDC n'a jamais été du goût des occidentaux qui y voient, à long terme, une puissance africaine difficile à contrôler. Ils ont l'expérience traumatisante pour eux de pays tels que la Chine, l'Inde, le Brésil, dont ils ne leur est plus aisé de décider actuellement de la politique comme jadis, en dépit de colossaux efforts. On a également vu comment l'Occident, avec en tête les Etats-Unis, a œuvré à l'éclatement de l'URSS[1].

De même, les pays voisins n'ont d'yeux aussi que pour les richesses minières sans pareil de la RDC. Elle est ainsi telle une fille de grande at-

---

[1] - Washington s'efforce toujours de n'avoir face à lui que de micros Etats, qui plus est, dans le cas d'un Congo dépecé, disposant d'un sous-sol riche : pétrole, gaz, coltan, uranium, or, cobalt, diamant, etc.

tirance que convoite tout le monde. Pour cela, ils n'hésitent pas un instant d'y déclencher des guerres afin de s'emparer de ses gisements miniers qualifiés de « *scandale géologique* » par de nombreuses personnes.

B – Guerres à répétition.

A cause de ce fameux « scandale », l'histoire de la RDC est jalonnée de conflits armés, tantôt initiés par des nationaux, tantôt par des pays voisins, tantôt encore par des puissances impérialistes occidentales. Aussi, à peine l'indépendance pro-

clamée, qu'une partie du
pays a été ravagée par
une guerre sécession. Il
aura fallu des trésors d'é-
nergie pour y mettre fin.

En 1977, une nouvelle
guerre a été déclenchée,
la guerre du Shaba. En
1978 nouveaux affronte-
ments. 1984, même cho-
se. 1992-1996 également.
1996, guerre civile ayant
abouti à un renversement
de régime.

Joseph Kabila en accé-
dant au pouvoir, hérite
d'un pays en guerre pour
le rétablissement de sa
souveraineté. Il lui incom-
be, en sa qualité de dé-
sormais chef de l'Etat, d'y
mettre fin, car sans paix,

pas de développement. Il y a plutôt destruction et anéantissement.

Il n'est guère inutile de rappeler ce que coûtait pour la RDC ce conflit pendant qu'il se déroulait. L'économie du pays en grande partie se détruisait. Les investisseurs ne venaient plus. Diverses infrastructures s'endommageaient gravement, et devenaient, dans de nombreux cas, irrécupérables. Les massacres étaient récurrents. Selon les estimations, on a dénombré à la fin de la guerre trois millions[2] de morts.

La maladie et la malnutrition causaient autant de pertes humaines que les fusils. Les viols étaient pratiqués à grande échelle et, par ailleurs, accentuaient la propagation du SIDA. On les a estimés à quarante mille. La population était réduite en un quasi-esclavage dans les territoires occupés, etc.

La paix, au regard de cette situation, était devenue plus qu'un impératif majeur. Il revenait à

Joseph Kabila de la ramener.

Accords de paix de 2002 et partage du pouvoir.

Selon une opinion largement répandue, les accords de paix de 2002 ayant abouti à l'entrée des rebelles au gouvernement, à savoir de « *personnes ayant les mains rouges du sang des Congolais* »[3], ne seraient rien d'autre qu'une prime à la rébellion, une prime au recours aux armes, une prime au meurtre des Congolais pour accéder à de confortables positions

---

[3] - Discours développé par une frange de la population.

de pouvoir. En d'autres termes, il suffirait tout bonnement de créer dans un coin du territoire une milice, la baptiser « *rébellion* », pour se voir attribuer un poste politique. Cette assertion n'est pas du reste sans fondement.

Mais, à vraie dire, qu'est-ce quelques postes politiques face à la tentative de dislocation du pays fomentée par des puissances étrangères ? N'aurait-il pas mieux valu payer ce prix pour, d'une part ramener la paix et d'autre part préserver l'intégrité territoriale du Congo ?

Il importe, à ce sujet, de se rappeler que les

troubles qu'a connus le Congo pendant toute la période s'étalant de 1998 à 2002, faisaient partie d'une vaste opération de déstabilisation concoctée depuis l'étranger.

La CIA avait décidé la « *somalisation* » du Congo afin de garantir l'exploitation du pays par des firmes américaines. Pour cela, il fallait sa partition en plusieurs territoires aux mains des Rwandais, des Ougandais et des Burundais. En clair, le dépeçage de la RDC. Une fois cela réalisé, début de l'exploitation du sous-sol du pays par des compagnies américaines à des conditions plus qu'avantageuses pour elles, mais totalement désavantageuses pour la population, en faisant signer des contrats par leurs protégés et obligés indigènes hissés au pouvoir dans ces nouveaux pays.

La 2nde guerre du Congo déclenchée par l'étranger : tels étaient ses réels objectifs, ceux que ne percevait guère parfaitement le peuple congolais.

Par bonheur, elle s'est plutôt métamorphosée en guerre de libération nationale, et les Congolais en sont sortis vainqueurs.

Chapitre III :

L'instauration de la démocratie et le nouveau visage politique du Congo.

Au 21ème siècle, autrement dit après quarante longues années d'indépendance, il est clairement apparu que le développement des nations africaines ne peut réellement s'opérer que sous des régimes démocratiques.

Le temps des dictatures prétendument pour faire progresser l'Afrique à pas de géant est désormais révolu. Les résultats sont là. Il n'y a pas eu développement sous ces régimes autocratiques. Dans la sagesse populaire africaine, tout chasseur sait que si d'un côté de la forêt le gibier se fait rare, il faut l'abandonner et choisir un autre.

A – L'accord du 17 décembre 2002.

L'accord global et inclusif du 17 décembre 2002, signé entre les belligérants congolais, prévoyait une période transitoire de deux ans durant laquelle la RDC serait dirigée par une équipe et non par un seul homme : un président et quatre vice-présidents formant ce que l'on appela l'« *espace présidentiel* ».

Cette période de direction collégiale a été mise à profit pour élaborer les lois fondamentales et stabiliser le pays en restaurant l'autorité de l'État.

Bien que cet accord n'ait pas dans l'immédiat ramené la paix dans le pays, néanmoins il en a ouvert la voie et la RDC s'est dotée, le 18 décembre 2005, d'une nouvelle constitution. Puis un double scrutin, présidentiel et législatif, a été organisé le 30 juillet 2006, qui a mis un terme à une transition politique démocratique débutée en 2003.

Enormément de salive a coulé sur cette évolution et sur les résultats obtenus. Qu'importe, la démocratie est une construction de tous les jours, une construction permanente, une action continue. Elle ne peut qu'être un processus dynamique.

Si comparaison est raison, il aura fallu combien d'années pour un pays tel que la France pour en arriver au degré de démocratie qui est le sien à ce jour et que le monde entier envie ?

Pour ce qui est des réformes constitutionnelles par exemple, pendant le même nombre d'années de l'indépendance de la RDC, à savoir 58 ans, de 1791 à 1848, Paris en a connu 11, comme Kinshasa [4].

---

[4] - 1/ - *Septembre 1791* : Monarchie constitutionnelle. Votée par l'Assemblée Nationale Constituante.
2/- *Juillet 1793* : La 1ère République. Constitution de l'an I, préparée par la *Convention* et approuvée par referendum.
3/- *Septembre 1795* : Le Directoire. Constitution de l'an III approuvée par referendum.
4/- *Février 1800* : Le Consulat. Constitution de l'an VIII, due en grande partie à Bonaparte après le coup d'Etat du 18 Brumaire, approuvée par referendum.
5/ - *Mai 1802* : Le Consulat à vie. Constitution de l'an X, votée par le Sénat.
6/ - *Mai 1804* : Le 1er Empire. Constitution de l'an XII. Empire héréditaire au profit de Napoléon 1er.
7/ - *Juin 1814* : La Restauration. Charte constitutionnelle de 1814 établissant une monarchie constitutionnelle avec à sa tête le Roi de France et de Navarre.
8/ - *Avril 1815* : Les Cent-jours. Empire constitutionnel, acte additionnel aux Constitutions de l'Empire par Napoléon après son retour de l'île d'Elbe.
9/ - *Juin 1815* : La 2ème Restauration.

Pour quelle raison ce serait par conséquent un drame pour le Congo de construire longuement et avec des flux et reflux en termes de préservation de la liberté des citoyens sa démocratie ainsi que l'ont fait d'autres nations ?

B – L'abandon du culte de la personnalité.

Fait majeur à relever pour s'en féliciter, Joseph Kabila, dans l'esprit dé-

---

Charte de 1814. Monarchie constitutionnelle.

10/ - Août 1830 : Règne de Louis-Philippe. Monarchie constitutionnelle limitée. Modification de la Charte de 1814, votée par les Chambres après la Révolution de juillet 1830. Le roi devient le *Roi des Français.*

11/ - Novembre 1848 : La 2ème République. Votée par l'Assemblée constituante après la Révolution de février 1848. Instauration du suffrage universel, mais réservé uniquement aux hommes. Il aura fallu attendre l'an 1946 pour que les femmes puissent en jouir.

mocratique du nouveau Congo, n'a pas sombré dans le culte de la personnalité. C'est tout à son honneur.

Avec lui, pas de propos dithyrambiques comme à une époque bien connue des Congolais. Pas de visage provenant des nuages en guise de générique du journal télévisé. Pas de séances de louanges interminables à l'Assemblée Nationale[5].

---

[5] - A l'époque du parti unique, la plupart des dirigeants africains étaient très influencés par la méthode de mobilisation des masses populaires dans les pays communistes. La Chine, la Corée du Nord, la Roumanie, champions des manifestations grandioses de milliers de personnes dans des espaces publics, servaient ainsi de modèles. Le culte de la personnalité qui s'y produisait était tant bien que mal reproduit en Afrique. Les gens estimaient qu'il fallait s'incarner à un leader qui insufflait par sa seule image le développement. Le Zaïre n'y avait pas échappé.

Pour bâtir un Etat moderne, nul besoin de recourir à ce genre de pratiques. En conséquence, Joseph Kabila a tourné cette page, pour le plus grand bien du pays.

Chapitre IV :

Joseph Kabila et la fin de l'esprit putschiste.

Une nation grande et moderne doit pouvoir se passer du recours à la violence pour obtenir l'alternance politique. Celle-ci ne doit se produire que de manière tout à fait exceptionnelle comme ce fut le cas en 1997. En ce temps-là, l'horizon du pays était totalement bouché, tout tombait en décrépitude. Le régime était usé. Il avait largement fait son

temps. Il avait indiscuta-
blement fait rayonner le
pays des années aupara-
vant. Mais au fil des ans,
il en était devenu un mo-
numental frein. Il l'en-
traînait plutôt inexorable-
ment dans sa chute, et
aucune force politique à
l'époque n'était en mesure
d'y mettre un terme. Le
coup de force de 1997 a
été de ce fait hautement
salutaire. Ce fut un acte
patriotique.

Mais, dès lors qu'un
processus démocratique
est en cours, pour ne pas
dire que la démocratie est
en marche, ramener les
armes pour accéder au
pouvoir ne trouve plus de

justification. Il est revenu en conséquence au Président Joseph Kabila de le faire comprendre à la population. Bataille titanesque s'il en est, car les tenants du régime défunt demeurent à la fois nombreux et puissants dans le pays. Bien mieux, il leur est aisé de s'allier à tous les autres politiciens avides de pouvoir et prédisposés à pactiser avec le diable s'il le faut pour y accéder. Enfin, il y a tous les chefs de guerre qui, à longueur d'année, rançonnent la population, se créent des territoires de commandement.

A – La peau dure du
   « Mobutisme ».

Les *mobutistes* et leurs alliés ont repris du service en 2004, afin de renverser le nouveau régime et contrecarrer ainsi l'évolution en cours depuis 1997. Il s'agissait pour eux de faire tourner à l'envers la roue de l'Histoire.

Cela est un phénomène récurrent. Toutes les fois qu'il y a eu révolution, il est automatiquement né des contre-révolutionnaires qui ont tenté de la renverser et restaurer ni plus ni moins l'ancien régime.

La France par exemple a connu cela. Après sa révolution de 1789 qui a entraîné la chute du roi, le pays a vécu ce que son histoire a retenu sous l'appellation de « *la restauration* ». Ce mouvement a consisté en un retour à la souveraineté royale. La France est alors retournée dans une monarchie mais cette fois-ci « *constitutionnelle* », mais monarchie tout de même, agrémentée toutefois d'un Parlement où se livrait une bataille féroce entre royalistes (*les politiciens favorables à la monarchie*) et libéraux (*ceux qui y étaient opposés*). Ce régime a duré 16 ans longues années, de 1814 à 1830.

En RDC, c'est le même scénario qui n'allait pas manquer de se produire au cas où les *mobutistes* et leurs alliés seraient parvenus à reprendre le pouvoir. Ils auraient procédé à une « *restauration* » pure et simple, à la congolaise. Leur échec a été bénéfique. Il a quelque peu sonné le glas de ce mode d'accession au pourvoir en RDC.

Toutefois, le putschisme comme les miliciens, se nourrissent d'un terreau. C'est ce dernier qu'il faut impérativement détruire afin d'éradiquer l'esprit insurrectionnel au sein de la population.

B – Le terreau des coups
de force en RDC.

Il existe dans le pays, une jeunesse très nombreuse et exsangue. En outre, un nombre impressionnant d'armes circule sans grande possibilité de contrôle. Elles proviennent de partout, et s'achètent au marché noir. Pour ce qui est des milices, les seigneurs de guerre qui les dirigent s'enrichissent grâce à divers trafics. Par ailleurs ils se servent de l'insécurité qu'ils créent pour monnayer des entrées au gouvernement voire dans l'armée nationale. Pour tout dire, ils tirent grandement bénéfice de la mort qu'ils sèment.

Leurs combattants, de leur côté, disposent avec leurs fusils, de quoi vivre. Quotidiennement, ils ne se privent pas de commettre des rackets, des braquages, des razzias et autres exactions sur la population, pour gagner de l'argent et s'acheter de quoi manger. Le territoire étant immense, ils prennent en otage des populations dans de grandes parties du pays, à l'insu du pouvoir central. Même lorsque ce dernier en est informé, les déloger n'est guère une tâche aisée. La RDC est un pays continent. Les distances y sont grandes. Des zones entières sont difficilement accessibles.

Quelle réponse, au-delà des accords de paix et autres « *dialogues* », qui du reste leur indiffèrent totalement, apporter à cette pénible situation, sinon entamer la bataille en vue du relèvement du niveau de vie général de la population ?

Chapitre V :

La relance de l'économie pour le bien-être et la paix.

En fait, toute action polique positive doit viser à l'amélioration des conditions de vie de la population. L'action de Joseph Kabila n'a pas manqué d'œuvrer dans ce sens. Son gouvernement, dès sa prise de fonction, s'y est attelé. Tout récemment, il a encore rendu public 28 mesures économiques d' urgence.

A – Changer la structure
de l'économie.

Mais, au-delà de ces décisions hardies et ô combien salutaires pour le pays, le défi auquel est confronté Joseph Kabila depuis son accession au pouvoir, comme du reste tous les dirigeants afri-cains, est celui de la structure économique du pays, héritée du régime colonial. La RDC n'expor-te que des matières pre-mière. Rien n'est trans-formé localement ainsi que cela aurait dû se fai-re. Un nombre incalcula-ble d'emplois est ainsi perdu au bénéfice des pays importateurs de ces matières premières. Na-rellement, les institutions financières internationa-les ne financeront en au-cun cas la création d'usi-nes dans quelque pays africain que ce soit à com-mencer par la RDC. En clair, au sein du FMI et de la Banque Mondiale, c'est le pacte colonial qui est jalousement préservé. Pas question de favoriser l'industrialisation de la R-DC. Elle deviendrait ra-pidement un géant écono-mique avec tout ce dont regorge son sous-sol. Qui dit géant économique, dit concurrent. La Chine à ce jour met sérieusement en difficultés les économies des pays occidentaux avec ses usines. Pourtant hier, elle était un pays sous équipé, sous développé au même titre que l'est la RDC aujourd'hui. De ça, en conséquence, les Européens et les Américains ne veulent en aucun cas plus en entendre parler ailleurs, notamment sur le continent africain.

D'un autre côté, pour l'heure, il est difficile de contourner cette sorte de « blocus » à l'industrialisation de la RDC. En effet, l'esprit de la population n'est pas porté sur la fabrication de produits. Il demeure focalisé sur l'agriculture, le travail de la terre. Cette situation se présente comme un énorme handicap pour la prospérité du pays. C'est un challenge que la RDC devra s'atteler, dans les années à venir, à relever.

B – Réformes salutaires.

Malgré tout, Joseph Kabila a mené des réformes fondamentales qui vont contribuer de manière significative à la diminution de la pauvreté dans le pays.

D'abord, grâce à celles-ci, il a obtenu un allégement significatif de sa dette à concurrence de

10,8 milliards de dollars US. Ceci a procuré une vitalité nouvelle à l'économie nationale.

Ensuite, il a jugulé la terrible inflation à laquelle le pays était en proie. Des taux de l'ordre de 500 % ne sont plus que d'amères et lointains souvenirs. Ceci a constitué une véritable prouesse. Cela se serait produit dans un pays occidental que celui-ci serait cité en exemple par les medias mondiaux qui fabriquent l'opinion publique internationale. Malheureusement pour la R-DC, elle n'est pas située en Europe.

Quoi qu'il en soit, la République Démocratique du Congo poursuit son inéluctable marche entamée en 1997 vers la grandeur.

Chapitre VI :

RDC : la Chine de demain en Afrique.

Avec tout ce dont dispose la RDC comme richesses minières, ajouté à cela sa population nombreuse, les années de pouvoir de Joseph Kabila auront très largement contribué à engager le Congo dans cette voie.

A – La bataille des infrastruces routières.

Au nombre des problèmes à résoudre avant tout

pour faire de la RDC un grand pays en conformité avec sa dimension géographique, figure en premier lieu celui de ses voies de communications.

Beaucoup de salive a coulé sur cette question. Mais, comment ne pas se réjouir de la réhabilitation de plus de 6.000 km de routes sur l'ensemble du territoire ? 12.000 km en travaux, avec plus de 1.200 km de voirie urbaine. Il ne faudrait non plus taire les travaux de réhabilitation des routes Kisangani, Nyahya et Beni, Lubumbashi-Kasumbalesa, Boma-Moanda. Tout cela est important.

C'est connu : « *là où la route passe, le développement suit* ». Les gens tout comme les marchandises se mettent à circuler aisément. En conséquence, l'argent. Résultat, le bien-être s'améliore.

Mais il y a mieux. Les voies de communication ont été, en plus de l'esclavage et des richesses du sous-sol, à la base de la prospérité américaine, et finalement, de sa puissance d'aujourd'hui. Par voies de communication, il s'agit des routes et des voies ferrées dont les USA ont bariolé leur territoire.

La RDC n'a pas besoin du travail inhumain et

gratuit des esclaves. Mais elle se trouve à égalité avec les Etats-Unis du début du 19ème siècle au niveau des routes à construire et du sous-sol riche. Elle dispose également d'un territoire continent. Enfin, elle dispose d'une démographie qui n'est pas handicapante. Pour tout dire, elle jouit des atouts qu'il faut pour être grande demain.

B – La résolution du problème énergétique.

A ces atouts il faut toutefois apporter de l'énergie. Pas d'industries sans électricité. Les usines en

consomment considérable
ment. Aussi, il en faut
beaucoup. On s'explique
ainsi le désir du Pré-
sident Joseph Kabila de
construire Inga III prévu
pour produire 4500 MW,
autrement dit, l'équiva-
lent de trois centrales nu-
cléaires[6]. Dans le même
temps, il faut parvenir à
offrir de l'électricité à toute la population d'ici 20-
30. C'est de ce fait un
chantier fabuleux qui a
été ouvert, pour le grand
bien de la population. Il
devrait permettre de cré-
er des usines, donc procu-
rer du travail aux gens

---

[6] - La production moyenne d'une centrale nucléaire est de
1000 mégawatt.

tout en enrichissant le pays, et sortir les ménages des lampes tempêtes et autres moyens actuels de fortune utilisés pour l'éclairage pour cause de déficit énergétique.

*　　　*

*

«J'ai tenu ma promesse (...) je la tiendrai en faisant du Congo un pays émergent», a déclaré Joseph Kabila.

Il n'a pas tort. Le Congo a retrouvé sa souveraineté, l'économie est relancée, et son avenir se

construit pour cela désormais sereinement.

Table

www.ingramcontent.com/pod-product-compliance
Lightning Source LLC
Chambersburg PA
CBHW031426250726

48656CB00002B/855